हद या अनहद

हद या अनहद

डॉ. सुनील कुमार शर्मा

वाणी प्रकाशन

वाणी प्रकाशन

4695, 21-ए, दरियागंज, नयी दिल्ली 110 002

फ़ोन : +91 11 23273167 फ़ैक्स : +91 11 23275710

शाखाएँ

अशोक राजपथ, पटना 800 004, बिहार

कॉफ़ी हाउस कैम्पस, महात्मा गांधी मार्ग, इलाहाबाद 211 001, उत्तर प्रदेश

महात्मा गांधी अन्तरराष्ट्रीय हिन्दी विश्वविद्यालय, वर्धा 442 001, महाराष्ट्र

सुल्तानिया रोड, मोतिया पार्क, भोपाल 462 001, मध्य प्रदेश

www.vaniprakashan.com
marketing@vaniprakashan.in
sales@vaniprakashan.in

Had Ya Anhad
by Dr. Sunil Kumar Sharma

ISBN : 978-93-5518-073-5
Poetry Collection

प्रथम संस्करण 2022

रेखांकनकर्ता : असीम भट्टाचार्य एवं लावण्या शर्मा

मूल्य : ₹ 299

आर. टेक ऑफ़सेट प्रिंटर्स, दिल्ली-110032 में मुद्रित

वाणी प्रकाशन का लोगो मक़बूल फ़िदा हुसेन की कूची से

कविता का आयतन

पेशे से इंजीनियर डॉ. सुनील कुमार शर्मा का पहला कविता संग्रह 'हद या अनहद' प्रकाशित होने जा रहा है। यह ख़ुशी की बात है। इक्कीसवीं सदी के तीसरे दशक में सब कुछ बड़ी तेज़ी से बदलता जा रहा है। मनुष्य रोबोट में तब्दील होने के लिए विवश है। विकास के नाम पर विनाश की संहारकारी लीलाएँ बलवती हो रही हैं। हम सभी रोबोटीय विकास के कल-पुर्जे बनते जा रहे हैं। फलस्वरूप, बाधित हो रही है हमारी इन्सानियत और ह्रास हो रहा है हमारा साहित्यिक मिज़ाज। ऐसे में डॉ. शर्मा का कविता से प्रेम हमें आश्वस्त करता है। यह इसलिए कि कविता से जुड़ने का मतलब मनुष्य और मनुष्यता से जुड़ना है। कविता में रुचि यानी बेहतर मनुष्य और बेहतर समाज का सपना पालना है।

इस संग्रह की कविताओं का सबसे बड़ा वैशिष्ट्य यह है कि इसमें एकरसता नहीं है। कई भावबोध की कविताएँ संकलित हैं। इन कविताओं के माध्यम से कवि के विचारों को समझा जा सकता है तो कवि के व्यक्तित्व को भी। कवि ने ईमानदारी से अपने भावों को शब्दों में पिरोने का प्रयास किया है। कविताओं के कारवाँ से गुज़र कर स्पष्ट रूप से पता चलता है कि कवि ने कविता के बहाने अपने को ही अभिव्यक्त किया है। इस या?त्रा में कुछ प्रश्न भी उठ आते हैं। ये प्रश्न कवि के जितने अपने से हैं उतने ही अपने

समय, समाज और व्यवस्था से भी। डॉ. शर्मा के अनुसार "प्रश्न पाषाण नहीं होते/सजीव होते हैं।" यह कोई स्टेटमेंट भर नहीं है, बल्कि एक बड़े भाव की ओर पाठकों को ले चलता है जब वह सवालों को जीवन से जोड़कर देखता है। समकालीन कविता में 'घर' की चिन्ता लगभग सभी कवियों की रही है। दरअसल, बदलते परिदृश्य में 'घर' का मतलब मकान समझ लिया गया। घर घर होता है और मकान मकान। मकान कभी घर का स्थानापन्न नहीं हो सकता है। ईंट, गारे, लोहे, सीमेंट से मकान बन सकता है, घर नहीं। क्योंकि घर बनता है पारस्परिक स्नेह, प्रेम, सौहार्द, भाईचारे आदि की नींव पर। सुनील को भी इसी घर की चिन्ता है। उसे बचाये रखने की चिन्ता है। तभी तो वे लिखते हैं—"घरों को कैसे बचाये रखेंगे/एक मुकम्मल घर।"

इस संग्रह में माँ, पिता, पुत्री आदि से सम्बन्धित कविताओं के माध्यम से कवि ने जीवन में नाते-रिश्ते अथवा सम्बन्धों की ऊष्मा को महत्त्व दिया है। 'ढाई आखर' शीर्षक के अन्तर्गत कविताओं में प्रेम की महत्ता को स्थापित करने का प्रयास है। 'नये पंख' की कविताएँ नयी पीढ़ी की मानसिकता को उकेरने में समर्थ हैं। मशीनी सभ्यता ने मानव जीवन को किस हद तक प्रभावित किया है, इसका चित्रण मिलता है। कवि का यह पहला संग्रह है। इसलिए, कविताओं में कुछ अनगढ़पन भी है। स्वयं कवि भी इसे जानता है जिसकी झलक उनकी 'अनगढ़' शीर्षक की कविता की प्रारम्भिक पंक्तियों में मिलती भी है परन्तु इस अनगढ़पन का अपना अलग आकर्षण है।

डॉ. शर्मा की कविताएँ जीवनोन्मुखी हैं। इनमें जीवन के प्रति कवि की दृष्टि साफ़ झलकती है। यहाँ निराशा, हताशा, उदासी, दुःख, कष्ट, वेदना, यन्त्रणा आदि के चित्रण तो हैं लेकिन कवि का मन इनमें अधिक नहीं रमता है।

जीवन के प्रति एक सकारात्मक सोच और दृष्टि उनकी कविताओं में लक्षित होती है। जीवन को उदासी का रंग पसन्द नहीं है, ख़ुशी का रंग प्रिय है। इसलिए वे सघन अन्धकार में भी प्रकाश की एक फीकी रेखा को तलाशते नज़र आते हैं। इस क्रम में यदि डॉ. शर्मा को उम्मीदों का कवि कहा जाये तो कोई अतिशयोक्ति नहीं होगी। उनके भीतर का कवि, चारों ओर छल-कपट, हिंसा, मार-काट, आगजनी जैसी प्रतिकूलताओं से भरे वातावरण में भी अपनी हार नहीं मानता। मुझे विश्वास है कि डॉ. सुनील कुमार शर्मा का यह पहला संग्रह कविता के प्रेमियों को पसन्द आयेगा। कवि को हार्दिक बधाई।

–अरुण होता

भूमिका जैसी

कविता मनोभावों की अभिव्यक्ति होती है। जब से मैंने अपने मनोभावों को काग़ज़ पर उकेरने का प्रयास प्रारम्भ किया है तब से रचनाधर्मिता के नाते, मैंने कविता के प्रति ईमानदार बने रहने की कोशिश की है। कथ्यों और तथ्यों के बीच में सन्तुलन बना रहे और भावों की अभिव्यक्ति शृंखलाबद्ध तरीक़े से बिम्ब बनकर रचना के अन्तिम छोर तक अनवरत जारी रहे, यही मेरा प्रयास रहा है।

भारतीय रेल में सेवारत होने और दायित्व निर्वहन की व्यस्तताओं में समयाभाव के कारण कविता साधना पर जितने जतन से कार्य करना चाहता हूँ, उतना कभी हो ही नहीं पाया, फिर भी मैंने अपनी कल्पनाओं और मनोवेगों को आप तक पहुँचाने का प्रयास किया है। कविता के साथ यात्रा करते हुए जब जिस अन्दाज़ और भाषा-शैली में बातें उठती गयीं, उसी रंग और मिज़ाज में कह दिया। बातें कहीं-कहीं थोड़ी अनगढ़ भी रह गयीं। इस शब्दयात्रा में जगत् की द्वन्द्वात्मकता एवं तत्त्व-चिन्ताओं के घेरे में स्वयं को खोजते-खोजते, कभी-कभी हद और अनहद के रहस्यमयी तालमेल तक पहुँचने की चेष्टा विस्मय भरी अनुभूतियों में प्रकट होती रही।

सर्वप्रथम मैं चरणवन्दनीय जननी श्रीमती कमला शर्मा और परमपूज्य पिता स्वर्गीय श्री मंगतराम शर्मा के चरणों में नमन करता हूँ जिन्होंने मुझे अपने मनोभावों को क़लमबद्ध करने हेतु बार-बार प्रेरित किया तथा जिनके आशीषों से

मेरी यह रचनाएँ पुस्तक का रूप ले सकीं। इस काव्य-यात्रा में मैं अपने इष्ट मित्रों, सहयोगियों और सहकर्मियों के प्रति भी आभार प्रकट करना चाहता हूँ जिन्होंने इस दौरान अपार सहयोग और स्नेह दिया। हालाँकि उनसे मिली प्रेरणा, यथोचित सहयोग और स्नेह को आभार व्यक्त कर भुलाया नहीं जा सकता फिर भी मैं उनके प्रति अपनी आत्मीयता को रेखांकित कर रहा हूँ। अपनी अर्धांगिनी श्रीमती डॉ. महामाया शर्मा और सुपुत्री लावण्या शर्मा के प्रति विशेष आभार ज्ञापित न करना उनके धैर्यपूर्वक किये गये असीम सहयोग और प्रतिपल की प्रेरणा के प्रति अन्याय होगा। इस कार्य में जब भी मैं शिथिल पड़ा तब-तब उन्होंने अपनी अनेक व्यस्तताओं के बावजूद मेरी नैतिक शक्ति और मनोबल को सम्बल प्रदान किया जिसके लिए मैं इन दोनों का सदैव हृदय से आभारी रहूँगा।

–डॉ. सुनील कुमार शर्मा

अनुक्रम

कुछ प्रश्न

रंग

जीवन

ढाई आखर

नये पंख

झरोखा

कुछ प्रश्न

झरेंगे अन्त तक
प्रश्न ही झरेंगे यहाँ।
थोड़ी हवा, थोड़ा प्रकाश,
थोड़ी उमस में कुछ जवाब
भी उगेंगे यहाँ।
पर प्रश्न कुछ यक्ष बन
खड़े रहेंगे यहाँ।

हद : अनहद

सब कुछ तो नहीं चाहिए
चाहिए वही था,
जो है पड़ोसी के पास
या किसी मित्र के पास
या फिर देखा था जो
रिश्तेदार के पास।
लालसा का कलरव है
क्या-क्या चाहिए?
स्मृति का भ्रम है
क्या नहीं है पास।

कटते पेड़ों ने,
उलटते-पुलटते मौसम-क्रम
ने बताया,
सूखती नदियाँ,
और पिघलते हिमखण्ड ने भी
बता रहे हैं हमारे चाहने की हद।
लालच ने पहुँचा दिया है
चाहतों को हद से अनहद तक।
हमें क्या चाहिए
सूखा या सैलाब,
या सुकून भरी ज़िन्दगी।

प्रश्न

प्रश्न पाषाण नहीं होते
सजीव होते हैं।
प्रायः यक्ष की तरह
जीवन में आ खड़े होते हैं।
पर उत्तर
देश, काल और परिस्थिति
के अनुसार भिन्न होते हैं
न मिले तो घबराना मत
कई बार
उत्तर सामने नहीं आते।
जीवन की तरह
उलझे ही होते हैं।
प्रश्न से उत्तर की अपेक्षा
अलग अलग होती है।
मूक रहने की
किंकर्तव्यविमूढ़ रहने की
या फिर
एक सकारात्मक उत्तर की
पर उत्तर खोजने ही होते हैं
भले ही वो ना मिले।

उम्मीदें

शेष है अभी आशा,
बच्चों में बचपन शेष है
और इन्सानियत भी।
इसलिए संघर्ष-नाद
होने दो,
अभिलाष को गगन
में गूँजने दो।
पतझड़ आता है यदि हर माह
तो आने दो,
पर सपनों को
आँखों में सजने दो।
रेगिस्तान को भी
उपवन में बदलने दो।

करने दो बच्चों को नादानी,
चाँद से खेलने दो।
सूरज को भी
मसलने दो मुट्ठी में।
चूर करने दो
सितारों का अहंकार।
सपने भी हक़ीकत हुए हैं पहले भी,
होंगे आगे भी।

सवाल

कुछ जवाब इतने कड़वे होते क्यूँ हैं,
लगता है फिर उनके सवाल क्यूँ होते हैं।
अब तो सवालों की भी
नीयत होने लगी,
बात बढ़ी तो सवालों की भी
क़ीमत होने लगी।
सवालों की नीयत से
अब हम तो डरने लगे हैं,
क्या पूछेंगे, लोगों की आँखों में
पढ़ने की कोशिश करने लगे हैं।

सुना था सवालों से
सवाल निकला करते हैं,
इसी डर से 'बहुत से'
कम बोला करते हैं।
और बातों बातों में
सवालों की नब्ज़
टटोला करते हैं।

ख़बरें हैं
सवालों पर ख़ुद
सवाल उठने लगे हैं,

कौन क्या पूछेगा,
इसका भी
हिसाब-किताब होने लगा है।
सवालों का भी
व्यापार होने लगा है।

दरख़्त

परिवारों में
रिश्तों में
बुजुर्गों की बातों में
अक्सर ही अब
नमी का अहसास होने लगा है।
छाँव तो देता है रस्मन,
दरख़्त घर का
पर थोड़ा बेज़ार होने लगा है।

ज़िन्दगी की जड़ों को
ख़ुशियों से
सींचने वाला
बात बात पर
उदास होने लगा है।
कहता है
जला दो
शाखों पर दीये
अब चाँद पर एतबार
खोने लगा है।

जीवन रूप

नासमझ कामनाओं की
स्वछन्द अठखेलियों से भ्रमित
असंयमी मेरे मन का
अनजानी राहों पर भटकना
या
झुलसना अविरल तलाश में
कुछ अज्ञात
मंज़िलों की
अतृप्त तृष्णाओं की इस
तीव्र से होती तीव्रतम
धूप में यह जीवन रूप
क्या है।

लम्बे इस सफ़र में निश्चित
अनिश्चितताओं के अपरिचित मोड़
करते विचलित
अधीरता के हलकोरों से
मेरे धैर्य के बाँध को
या

अभिलाषाओं के नन्हे पौधों पर
खिले आशाओं के फूलों की अभिनव हँसी
करती चेतन मेरे सृजन आत्म को
नवीन कुछ करने को
यह जीवन रूप क्या है।

एक और प्रश्न

सिमट रही है बातें करने की ज़मीन भी
सन्देह है–
घरों में, दफ़्तरों में, ये प्रेम है या सहूलियतें
जो रिश्तों को बाँधे हुए हैं।
तब प्रश्न उपजता है
घरों को कैसे बनाये रखेंगे,
एक मुक़म्मल सा घर!

भविष्य की परतें खोलने वाले
सिद्ध जन बतला रहे हैं
बाज़ार समस्याओं के
'रचनात्मक हल' लायेगा
समस्या सक्षमों की तो
बहुत हद तक सुलझा ही जायेगा।

नहीं कल्पनाओं का ये
खट्टा-मीठा हिसाब
सुनिये जनाब,
किराये पर मिला करेंगे,
फ़र्निश्ड घर और साथ में
सजे सजाये सुसज्जित परिवार।
सदस्य आप बतायें,

कितने चाहिए—तीन या चार,
आदत से परेशान
कवि है हैरान
झोले से निकल दागता है,
प्रश्न-सम्बन्ध और घर एक साथ
किराये पर उठा करेंगे।
अनुभूतियाँ भी नगद में ख़रीदा करेंगे
ऐसा भी लोग
व्यापार किया करेंगे।
खेल भविष्य ऐसा भी खेलेगा
लेखनी से कवि बतियाता है
हद्द है भाई हद।
हम भी क्या कविताएँ
किराये पर लिखा करेंगे,
वैसे लिख तो सकते हैं।
भविष्य के द्वार पर लटके
अनहदी अनिश्चितताओं के ताले
कल्पनाओं की चाबी से खोले जाते रहे हैं।
तब ये भी तो सम्भव है
विषाणु और परमाणुओं के
घमासान के मध्य भी
बची रहें विवेकी लालसाएँ
और बचा रहे बेदाग प्रेम
बचे रहे ढाई आखर।

सीखना होगा

आये हो पार कर
कितनी लम्बी दूरी।
रही बाट जोहती
अवलम्बित राह तुम्हारी।
मजबूरी है या प्रेम!
चलते ही चले आये हो
कई सागरों के ऊपर से
कई शहरों को नापते हुए,
तो कई अरण्यों के ऊपर से
तुम चले आये।
धैर्य धरकर
अँधेरों-उजालों को भेदकर
चले आये।

है विषय अनुसन्धान का,
है आन्दोलन किसी के मन में,
कोई छवि को क़ैद कर,
समझ रहा ये रहस्य।
फँस रहा है इस कहानी में विस्मय
से लबालब भरा एक विषय।

जलधरों को पार कर
आ बैठे मुकुरित जलज पर।
मौन तुम और
है मौन ये जलज।
बतलाओ तो खींच लाया
तुम्हें कौन
ये जल-राशि
या ये जलज।
मौन में छिपा बैठा
कथा सार।
चले आये उस पार से
इस पार।

खड़बड़ा गया
मेरा व्हाट्स एप और
फेस बुक एकाउंट,
बुदबुदा रहा इंस्टाग्राम
कि उफ़! तुम मिलने
दूर इतनी चले आये।
अगनित प्रश्न चिह्न
स्क्रीन-पटल पर खदबदाते
एक साथ उभर आये।
पंछियों से अभी बहुत
कुछ सीखना होगा,
चाहे प्रेम हो या हो साहस
निहत्थे आकाश जीतना होगा।

घर

बेजान नहीं होते घर।
इनको भी नज़र लगती है,
टूट जाते हैं,
बिखर जाते हैं,
लुट जाते हैं घर।
क्या नहीं होता घरों के साथ
जल जाते हैं,
नहीं तो जलाये जाते हैं घर

होते हैं जब सपनों में ये,
खिलखिलाते हैं,
प्रेम की बगिया भी
उगाते हैं घर।
घरों के साथ क्या-क्या होने लगा है
आयी थी ख़बर
घरों का भी दम घुटने लगा है
जब से उगने लगे हैं, घरों के ऊपर घर।

घर, दीवारों के संग बतियाते हैं
कि आसां नहीं है घर को बनाना घर
ख़ाली मकानों को मत कह देना घर।
ज़िन्दगी निकल ही जाती है

बनाने में घर।
समझिये जनाब
घरों की भाषा है, बातें हैं।
घरों पर बात करना हो तो
पूछना उनसे,
होते हैं जो बेघर।

रंग

कितनी बार आस पास में,
शाम के ताम्बई उजास में,
तितलियों की बसन्ती आस में,
कभी झरने में बहती हुई प्यास में
कविताओं को ढूँढ़ते
मिल गये कुछ रंग।
तो कभी उलझनों की जेबों से
निकल आये कुछ रंग।
और मैं रात भर ढूँढ़ता रह गया
चाँद में अपना रंग।

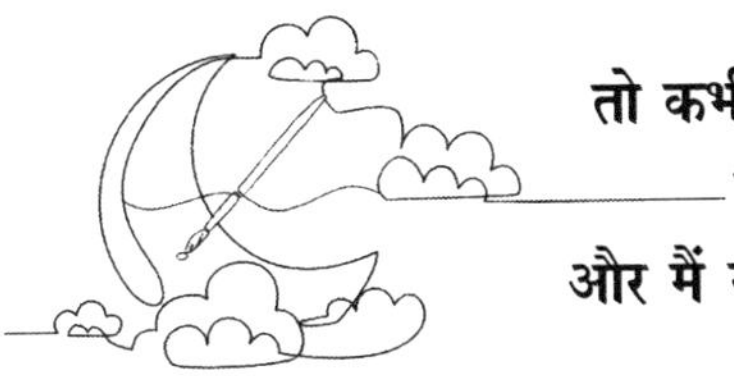

रंग

रंग बोलता है
रंग झरता है
रंग फैलता भी है

किसान जानता है
फ़सलों के पकने का रंग
पहचानता है मल्लाह
नदी की गहराई का रंग

अदालत के फ़ैसले के रंग से
कोई चहकता है
तो कोई सिसकता है
रात के बाद
सुबह का उजाला
भर देता है मन में
उम्मीद और उत्साह का रंग
पर उदासी लेकर आती है
एक ऐसा रंग
जिससे जीना
हो जाता है मुश्किल।

ऋतुएँ लाती हैं
कभी बारिश का सोंधा रंग

तो कभी गर्मी का
तो कभी सर्दी का
शिशु की मुस्कान
ले आती है इन्द्रधनुषी रंग

जाति धर्म वर्ण
से परे है
ब्रह्माण्ड का रंग
मन की भी पकड़
के परे है वो
जहाँ रहता है
अ-मन।

रंग बदलता भी है
देखकर अवसर
लेकिन बदलने वाले रंग,
अच्छे नहीं होते अक्सर
ख़ामोश अँधेरों के बीच भी
ज़िन्दा बचे रहते हैं रंग
जीवन का पर्याय है रंग
जिजीविषा को ज़िन्दा
बचाये रहेंगे रंग।
ये सघन हैं,
निरपेक्ष भी हैं
और सापेक्ष भी
निर्भर करेगा
यह हम पर
हमें कौन-सा रंग पसन्द है
उदासी का या
ख़ुशी का।

बसन्ती आहट

पीले पात झर गये,
छन्दों में नया बौर छा गया।
गुनगुनाती धूप में फिर
से मीठा झोंका आ गया।
द्वन्द्व सारे भूल, मन वही
रेशमी गीत गुनगुना गया।
शब्द हैं थरथराते शायद
बसन्त द्वार खटखटा गया।

फिर इस बार

इस अन्धड़ और कोलाहल से
भरे नीरव शून्य के मध्य भी
आ ही गये चुपके से
बौर आम पर।
नहा रही हवा उसी गन्ध में
और फैलेगी गन्ध, हर ओर।
आकर कुसुमाकर
बेधड़क खटखटा ही गया
मन के द्वार।
चिन्ता हो या संशय
या हो आरोध कुछ और,
फैलेगी नव चाह और
फैलेगी नव आस
फिर इस बार।
जगा जायेगी वही अभिलाष
प्रकृति भीतर ही भीतर
फिर इस बार।
कुहुकेगी मन में भी
कोकिला, वही मीठे बोल
फिर इस बार।
सुनना कोरोना तुम भी, चाहे
भर लो कितनी ही लम्बी उड़ान,

कर देगा समय ही तुम्हें मात
कुन्द हो जायेंगे तुम्हारे आघात।
देखना नव जीवन का अंकुर
फूटेगा हो सशक्त और
फिर इस बार।

दुःख

जानते हो दुःख को।
मत सोच लेना दुःख को,
कुछ भी ऐसा,
जो आसपास हो।
जैसे निर्धनता?
या विरह-वियोग?
नहीं बिल्कुल नहीं।
रोग असाध्य जैसा भी नहीं।
नहीं है मृत्यु की तरह मुक्तिकारी।
अर्थहानि की तरह भी यह
नहीं है सरल और तरल।
दुःख है, दुःख की तरह।
उतरता है भीतर
जमता है भीतर।
जमा रहता है भीतर।
फेंकोगे भी तो नहीं फेंक
पाओगे बाहर श्वास के साथ।
काट दोगे तर्कों से तो रक्तबीज की तरह।
पुनर्जीवित हो कर आ जायेंगे।
जलाना इन्हें किसी दिन वैराग्य अग्नि से।
फिर से एक दिन फ़ीनिक्स
पक्षी की तरह वापस उड़ आ जायेंगे।

दुःख को समझना दुःख
जैसे सुख को कहते हो सुख।
ना दुःख से कम,
ना दुःख से ज़्यादा।
तब श्वास ले कर देखना,
भार हो जायेगा आधा।

तुम से ही सीखना होगा

नदी,
ओ नदी, ओ नदी।
तुम भी क्या यही
तो नहीं सोचती हो।
कैसी बेबसी है ये,
कौन सी अज़ीयत है,
नहीं तुम बोलती हो।
पर दिल में रखती हो
और पिघल जाती हो।
कवि हो तुम भी क्या,
यूँ ही बहल जाती हो।

लिखती हो
अगनित कहानियाँ।
बह जाती हैं जो
लहरों को बना
अपनी किश्तियाँ।
अध्याय अध्यात्म का
भी कैसा रचती हो।
जो है पास
उसी की खोज में
निकल जाती हो।

पानी हृदय में लिए
पानी से मिलने,
पत्थरों को काट कर
पहाड़ों को कूद-फाँद कर
चली जाती हो।
देह पानी प्राण पानी
आत्मा तुम्हारी पानी,
शायद ब्रह्म भी तुम्हारा पानी हो।
मन भी पानी सा तरल होगा,
घृणा द्वेष हठ का कहाँ
उसमें स्थान होगा।
ढाई आखर प्रेम का
तुम ही से मानव को
सीखना होगा।

शून्य

एक छोटा-सा शून्य
आकार बदलता शून्य।
तिलिस्मी है दीवारों में फँसा शून्य।
मिलने आती है,
तो मिला दे या रोक दे।
या क़िस्तों में मिलाये।
नहीं है पगडण्डी या पथ।
खुले तो ढेर-सी चाँदनी
ले आती है।
बुला लाती है पवन को भी।
खोल कर रखना,
ज़िन्दा रहने के लिए।
भीतर को बाहर से
जुड़े रहने के लिए।
घर की खिड़की भी
मन की भी।
पुल है,
आने जाने देना।
अन्तस में
खिड़कियों से कुलाँचें
लगाते रहना।
दरख़्तों का
हरा रंग अन्दर छाने देना।

लिखने दो

लिखने दो
नदी की कहानी
कहने दो दरिया पर कविता
वो सायादार दरख़्तों की
छायादार बातें।
जानने दो
खँडहर बनी इमारतों की निशानी।
खींचने दो
एक आभासी शहर का स्केच।
आकाश को धरा से मिलाने दो।
सूरज को समुन्दर में डूब जाने दो।
गेहूँ की बालियों को
चाँदनी में बिहँसने दो।
तुम्हारी यादों की दस्तक से
शामों को फिर सिमटने दो
हरफ़ों में उतरने दो।
मत रोको,
मत टोको,
चलने दो
ज़िन्दगी को।

हद के पार

भरना चाहता हूँ
शब्दों में सतरंगी रंग
खिले थे जो बचपन में
क़िस्से कहानियों में
मिले थे किताबों के पन्नों में
घोलना चाहता हूँ उसमें
आहट उन यादों की
जो आँखों में
रोज़ उमड़ती-घुमड़ती हैं
छिड़कना चाहता हूँ उर-मधु उनमें
जीवन की मधुशाला से चुराकर
चाहता हूँ फैलाना
गन्ध जिजीविषा की शब्दों में
चाहता हूँ चाँद-सितारों को
उनके साथ सजाना
शब्दों के परों पर सवार होकर
सूरज के सिन्दूरी रंगों को
धरती पर लेकर आना चाहता हूँ
ज़मीन पर गिरे पीले पत्तों
से समझना चाहता हूँ
पतझड़ की पीड़ा
टूटकर अलग होने के दर्द को,

पतझड़ को शब्दों में
गुनगुनाना चाहता हूँ
जीना चाहता हूँ
अकेलेपन को।
रंगों की थाली से
रंगीन बनाना चाहता हूँ
शब्दों के साथ
बहुत दूर तलक
जाना चाहता हूँ
समय और सीमा को
लाँघ जाना चाहता हूँ
अपनी हद को
पार कर जाना चाहता हूँ!

जीवन

सपनों, उम्मीदों, अवसादों
की धुन्ध में सिलसिला संग
चल रहा है।
ज़िन्दा हूँ, देखो
कहीं से एक
जीवन सा बन रहा है।

जीवन

एक ही वर्ष में
पड़ोस की ज़मीन पर उग आयीं
चार पाँच और मीनारें
माचिस की डिब्बियों की तरह
रख दिये गये फ़्लैट्स
फ़्लैट के ऊपर फ़्लैट।

हवा भी यहाँ सीढ़ियों से
चढ़कर ऊपर जाती होगी।
गुनगुनाती धूप अन्दर आने
के लिए बालकनी खोजती होगी।

एक अकेले की छत पर
चाँद थोड़े ही उतर आता होगा।
किसके हिस्से में जाने कितना आता होगा।
हवा, रोशनी, आकाश,
सब ही तो बँट जाता होगा।

पैमाना कोई होता तो
माप कर देखते
जीवन इन फ़्लैटों में
कितना सिकुड़ जाता होगा।

पत्थर होना

पत्थर जिज्ञासा जगाते हैं।
पत्थर कैसे बने ये भी
कई बार पत्थर
खुद ही पूछ जाते हैं?

आसान नहीं है पत्थर होना
मारना पड़ता है ज़मीर
सुखाने पड़ते हैं आँसू
दबानी पड़ती है वेदना,
कामना और संवेदना।
क़ीमत चुकानी पड़ती है
पत्थर होने की,
आसान नहीं है पूजा जाना।

छोटी-बड़ी चौकोर
गोल, त्रिभुजाकार।
कहानियाँ हैं ये
नहीं समझना पत्थरों के आकार।
उद्‌गम से अभी तक की
यात्रा की अलग-अलग कहानी।
पत्थरों की ज़ुबानी।

चोट खाकर
इन्सान टूट जाते हैं
पर पत्थर मोहिनी मूरत में
बदल जाते हैं।
इन्सान ये जादू क्यों नहीं सीख पाते हैं!
पत्थर पूछते तो नहीं पर
मुस्करा जाते हैं।

बड़े हिसाबी हैं
स्थिति समझ जाते हैं।
और रूप गुण अपने बदल जाते हैं।
तलहटी के कोने में दुबके बैठे हैं।
पग-ठोकर खाते राह में हैं।
हिंसा के लिए हाथों में हैं।
सजाने के लिए घरों में हैं।
पूजे जाने के लिए
मन्दिरों में हैं।

कवि से पूछता है
पत्थर का एक प्रश्न है
कि इन्सान निर्दयी हो तो
पत्थर क्यों कहा जाता है?
कवि की बात है तुम पूछो
कि पत्थर को निर्दयी इन्सान
क्यों नहीं कहा जाता?

चित्रकार की कृति थी
आदमी की हमशक्ल थी
मुस्करा रही थी।

दो इंच में सिमटी हुई थी मुस्कराहट।
जस की तस बनी हुई थी।
कह रही थी मुस्कराहट,
पत्थर भी मुस्कराते हैं।
भविष्य की जकड़न से,
भूत की अकड़न से मुक्त
एक चिर मुस्कराहट।

अनगढ़

बातें रह जाती हैं
थोड़ी अनगढ़,
पक नहीं पाती हैं
पूरी-पूरी।
कविता नहीं हैं
जो क़लम से
कागज़ पर उतर आयेगी
और करीने से
सज जायेगी।

कमी रह जाती है,
थोड़ी कहने में,
थोड़ी समझने में।
समझने से भी बातें
मुक़म्मल नहीं होतीं।

उतरती है गगन से
जब धरती पर
तो क्या बादलों की बातें
धरती समझ पाती है।
या समझा पाती है
वह क्यों प्यासी रह जाती है।

या फिर बारिश में
क्यों डूब जाती है।
बन कर नदी बह जाती है
बातें और समुन्दर में
कहीं खो जाती है।

निकलती है बातों से
बातों बातों में, नयी सी एक बात,
बनती है नयी कोई कहानी
ऊँघते-ऊँघते उठता है
नया सा कोई क़िस्सा
माँगने लगता है अपना हिस्सा
क़िस्सागो बताते हैं
मुद्दों में असल मुद्दा भूल जाते हैं।
दोहराते हैं यही क़िस्सा
कहते-कहते रह जाती है,
थोड़ी-सी अनगढ़,
थोड़ी-सी अधपकी।

बातें यदि पक जातीं और
मुक़म्मल हो जातीं
तो क्यों रह जातीं यादें मन में
यादों में भी
बातों के अपूर्ण रह जाने की
कसक रह जाती है।

सच कहो तो
मुक़म्मल बातें सपना होती हैं
जो कभी आँखों में उतरती हैं

तो कभी उतर नहीं पाती
लेकिन हक़ीकत नहीं बन पाती।
कभी मुक़म्मल नहीं हो पाती।
रह जाती हैं
थोड़ा अनगढ़,
बातें थीं बस बातें
और बातें ही रह जाती हैं।

कुर्सी

कुर्सी बनाती है मिज़ाज,
लाती है सनक
अहंकार भी जगाती है
छोटी कुर्सी छोटा ग़ुस्सा।
मझोली कुर्सी
मझोले क़द का ग़ुस्सा।
बड़ी कुर्सी लाती है
बड़ी सनक और बड़ा ग़ुस्सा।
कुर्सी गुनगुनाती है
गाती है ख़ुशी के गीत
कभी-कभी अट्टहास भी लगाती है
सुनाती है कई तरह के क़िस्से
कहती है, चित्रकार हूँ।
बैठने वाले के व्यक्तित्व में
रंग अबूझ से भर जाती हूँ।
मैं तो अक्सर चरित्र भी
बदल जाती हूँ।

कुर्सी आगे बताती है
मिले यदि, बैठ जाना तपाक से,
वर्ना फिर कुर्सी हाथ नहीं आती।
पकड़ने में पाजामा क्या
पैंट भी सरक जाती है।

गुमान में उर्वशी की
मानिन्द कुर्सी इठलाती है
हर किसी को रिझाती है
महाभारत भी कई बार
करवाती है
बस ज़रूरत है
कुर्सी की चाह जगने की
है जैसे ही लालसा जगती
चेतना लेती है करवट,
संवेदनाएँ उलझ जाती हैं।
और फिर एक नया
कुरुक्षेत्र सज जाता है।

कुर्सी के उच्छ्‌वास से
निकलता है नया सिद्धान्त।
कुर्सी-सिद्धान्त गम्भीरता से
समझाता है।
भांजे की बजाय अब
शकुनि मामा स्वयं
मौक़ा मिलते ही
बैठ जाता है,
दुर्योधन देखता
रह जाता है।
कुर्सी का अजब है खेल
हर मोड़ पर
बदल जाता है।

चश्मे

कितने तरह के चश्मे
लगा कर आते हैं लोग।
कुछ तो जूते देखकर
शख़्सियत पहचानते हैं।
कुछ बातों के ढंग से
वज़न नाप जाते हैं।
कुछ कपड़ों से,
कुछ उठने-बैठने से
क्या-क्या जान जाते हैं।
दावे हैं दावों पर
फिसल जाते हैं।
चश्मों से पहचान जाते हैं,
आदमी है वो।
मगर सुल्तान तो दिल
खोल कर मिलने आते हैं।
ध्यान रखना कई बार कबीर
फ़क़ीरों की तरह गलियों में घूमते
मिल जाते हैं।
दावे हैं, दावों पर फिसल जाते हैं।

सामर्थ्य हो तुम

सृजन-सामर्थ्य हो तुम।
स्वप्निल इच्छाओं के
पंख बन कल्पनाएँ मेरी
उड़ा ले चले तुम।
लूँगा थाह समय
की आवाजाही की
तुम्हारी धड़कनों की गति से।
फैल जाऊँगा रोशनी की तरह
धरा तक आसमान से।

शब्दो
बतलाना तुम सच सच
आँखें भर आयी थीं
हिमगिरि की और
रोया था जलधर
और संग रोये थे
कालिदास जब।
धर संयम तुमने तब,
मेघदूत के पृष्ठों के हृदय में
भावों का समुद्र बहा दिया।
देख सर्वदमन की
माता का रुदन,
कह दिया शकुन्तला का क्रन्दन।

अब बिखर रहे हैं जब,
उलझ कर ज़रूरतों में
बन्धन रिश्तों के।
पकड़ा रहे हो अर्थ
बेछोर सिफ़र के।
साध रहे शब्द तुम ही
मेरी साध।
रचते आशा के बन्धन,
करते तुम ही भाव प्रयोग
बतलाते तुम होता है
कैसा चिर वियोग।
वैरागी का भी मौन तुम।
निन्दक तक,
प्रशंसक तक
और प्रेयसी के प्राणों तक,
लालसा से भरे
पूर्णिमा के चन्दा तक पहुचूँगा
तुम से होकर।

जिह्वा पर उभरे
बन स्वाद तुम
हुए भावों के ताप तुम।
मेरी खोज का
आलम्ब तुम,
सृजन का आधार तुम।
क्षितिजों के कुहासे
को चीर कर
दिशा दिखलाई थी
और दिखला रहे अब भी तुम।
शब्द सिर्फ़ शब्द
नहीं तुम।

स्त्री

बार-बार हर बार,
सपने देखती है स्त्री
पर कभी कभी ही
ये सच होते हैं।
हर समय दूसरों के लिए जीना
उन्हीं के सपनों को
साकार करने में
ता उम्र
अपने सपनों को भुला देना।

कभी पिता
कभी भाई
कभी पति
तो कभी सास ससुर की
एक लम्बी फ़ेहरिस्त है।

भूल जाती है सब कुछ
अपनी ज़िन्दगी भी
याद आता है तुम्हें अपना घर
पर मुझे नहीं।

आसान नहीं होता
स्मृति पटल से
अपनों और ख़ुद को मिटाना
देखना तुम भी कभी
कोशिश कर के।

वापसी

जब भी थोड़ा
हताश होता हूँ।
कोई ना कोई काँधा
तलाश लेता हूँ।
जब होता हूँ
ज़्यादा निराश,
जीवन में फैली
व्यर्थता पहचान लेता हूँ।
निराशा के चरम बिन्दु
पर जब पहुँचता हूँ।
देखने लगता हूँ
मन के पार!
अन्दर छुपे
बुद्ध की
झलक देख लेता हूँ।
परन्तु बुद्ध के साथ
रहना कठिन है,
मैं ज़िन्दगी के भँवर में
फिर से वापस
छलाँग मार देता हूँ।

इस्तीफ़ा

ख़तों ने दे दिया है इस्तीफ़ा
वर्षों पहले आया था कभी डाकिया
लिए साथ में एक लिफ़ाफ़ा
लिफ़ाफ़े से निकला था एक ख़त
सरकंडे की क़लम से लिखे
बीत गया है अरसा अब।

लिखे हुए ख़त
फिसल कर
कहीं खो गये हैं।
उनके साथ कहीं चली गयी हैं
प्रतीक्षा की घड़ियाँ भी
ख़तों के साथ
भाप बन उड़ गयी है भावुकता
जो शब्दों में पिरोयी जाती थी
साथ में थोड़ी आत्मीयता
और थोड़ा अपनापन भी
उड़ेला जाता था उसमें
नानी के ख़त के लिफ़ाफ़े को
छूकर ही सब कुछ
समझ जाती थी माँ
अनायास फफक पड़ती थी

सुनाने लगती थीं
नानी के साथ बिताये गये
लम्हों की कहानियाँ।

स्कूलों को भी मालूम हो गया है
ख़तों ने दे दिया है इस्तीफ़ा।
नयी पीढ़ियाँ लिख रही हैं
परीक्षाओं में ख़त अब
कभी पिता जी के नाम
तो कभी माँ के नाम
तो कभी दोस्तों के नाम।

विरासत के तौर पर
सहेजकर रखे जाने लगे हैं
सन्दूक़ों में ख़त
दादा जी का लिखा ख़त
या फिर नाना जी का लिखा
लिखी जाने लगी हैं
ख़तों पर कविताएँ और
कहानियाँ भी
ख़तों की नयी पीढ़ियाँ भी आ गयी हैं
ख़त लिखे जाने लगे हैं
फेसबुक पर या फिर ट्विटर पर
कभी-कभी इंस्टाग्राम पर भी।

हालाँकि, ख़त अब भी
अपनापन खोजते हैं
प्यार खोजते हैं
हँसी-ठिठोली की बाट जोहते हैं

इनसे महरूम होकर
बुढ़ापे का अहसास होता है
ख़त, नहीं गुनगुना रहा है
नव-अनुगीत
समझ गया है वह
इस संसार में
कुछ भी नश्वर नहीं है
कुछ भी स्थायी नहीं है
उसे स्वीकार करनी होगी
उसने जी ली है अपनी उम्र
एक सफल और
अर्थपूर्ण ज़िन्दगी।

ढाई आखर

ख़्वाहिशों का भी हक़ है मुझ पर
मचलने दो गर मचलती हैं।
बन्दिशें भी तो हमसे
पूरी पूरी कहाँ सम्हलती हैं।
सुनने दो, मीरा के गीतों की गूँज
मन में जब गूँजती हैं।
चढ़ती है खुमारी सधे पाँव,
उलटबाँसियाँ ढाई आखर
तक ले पहुँचती हैं।

गुलाब नहीं

आज मत पूछना
वही प्रश्न फिर।
मैं ही क्यों,
तुम क्यों नहीं?
मत बताना पुरुष हूँ मैं,
और तुम!
मैंने लिखा है
काँटा हूँ मैं,
कहो अब
तुम गुलाब नहीं।

चली आना

आना ऐसे
जैसे पतझर के बाद बसन्त।
आना तुम,
जैसे आती है नदी
अपनी धुन में
नहीं हो जिसे
फ़िक्र रंग की
रूप की
या फिर किसी की।

चली आना तुम
चित्रकार की तूलिका में
गढ़ना एक ऐसी नदी
जो हो अल्हड़ और मदमस्त
बहती हो अपनी धुन में
नहीं हो जिसे फ़िक्र
जाति की, धर्म की
रूप की या रंग की
या फिर किसी सीमा की।

तुम आना बारिश की
फुहार जैसे,

देना भर
अंकुरों में जीवन रस
और बन जाना,
किसानों के होठों की हँसी।
बच्चों की आँखों में सपने
बनकर तैर जाना।
निमन्त्रण है तुम्हें
आना ज़रूर आना।

माँ

लेख थी, कविता थी
संगीत थी, गीत थी।
ध्वनि थी,
प्रतिध्वनि थी,
संघर्ष थी,
गौरव थी।
साहस थी, धैर्य थी
प्रेम थी, अध्यात्म थी।
धरा से अनन्त की
वो अविरल यात्रा।
तो कैसे लिखता?
कहाँ शुरू तो,
कहाँ शेष!
माँ थी,
वो क्या-क्या थी,
संवेदनाओं में
फिर क्या कहता।

नाव और नदी

था यही गिला
कि हाय हमदम भी,
उसे कैसा मिला।
आख़िरी दम तक
रही वो दीवानी
पर स्वप्न सी ही रही
मिलन की कहानी।
नाव ने कहा—
जितनी भी चली वो संग,
अनन्त की ओर
आगे ही आगे
वो चलती रही।
रूठ कर जब मुँह मोड़ कर चली,
फैला कर बाँहें,
रोकने की शरारत
हमेशा करती रही।
किनारे पर जब भी रही खड़ी
मिलन के स्वप्न दिखाती रही।
उमर भर चलती रही,
चलाये जाती रही।
जीर्ण हो जब अब बिखर गयी,
क्रीड़ा ध्वनि, ओ नदी

तुम्हारी ही सुनती रही।
यही माँझी से कहती रही।
बहा दो मेरा समूचा अस्तित्व
मेरी कामना
मेरी वासना
नदी में, नदी में
और सब शिकायतें
साथ में
मेरे ढाई आखर भी।

दूर तुम कितनी

प्रिय दूर कितनी तुम,
कैसे तुमको बतलाऊँ।
बतला पाओ तो, तुम ही बतला दो।
सोचूँ भी तो कैसे सोचूँ,
कितनी दूर आज तुम।
लगता रहता है मुझको तो,
बार-बार आज भी ऐसा,
जैसे दूरी है सिर्फ़ कुछ शब्दों की।
शब्द प्रिय और सिर्फ़ शब्द,
शब्द कहा जिनको मैंने नहीं
और समझा तुमने उनको नहीं
प्रिय ऐसा ही तो सुनते आये
कि भावों को कब
शब्द व्यक्त किया करते?
वो तो बिन शब्दों के ही
अभिव्यक्त हुआ करते।
सोचो क्यों कर फिर मैं व्यर्थ समय गँवाऊँ,
होते हैं प्रिय मुख्य केवल भाव यहाँ
कुछ जिनको तुम जानो तो समझ मैं भी फिर पाऊँ।
कोशिश यदि कुछ तुम कर लो तो,
प्रयास कुछ मैं भी फिर कर पाऊँ।
ठहरो-ठहरो, है हम सुनने आये ऐसा भी,

आसान कहाँ ये सब इतना होता है।
फँसा प्रिय फँसा फिर
इस भ्रमसागर में मैं,
कि दूरी होती कब शब्दों से
और होते पास कहाँ
हम शब्दों से।
प्रिय हमको तो सबने
ऐसा ही बतलाया,
दूर होकर भी हम
होते अलग कहाँ
और होकर पास होते हैं
नज़दीक यहाँ लोग कहाँ।

कहने सुनने से ही यदि
कुछ होता हो प्रिय,
तो अब ही सुन लो
प्रिय मैं निर्मित उन भावों से
जिनमें तुम रहती हो
और आयेंगे भी रहते भाव वही मुझमें
जो होते ही तुमसे होंगे।
बतलाना हो तो प्रिय अब भी,
बतला तुम ये दो सुनना फिर और अब तुम
मुझसे क्या चाहो?
कहने को तो वो भी कह देंगे,
जो तुम चाहो।
सोचो फिर भी तुम एक बार,
दूरी होती है कहाँ शब्दों से।
और होते हैं पास कहाँ हम शब्दों से,

बातें हैं ये तो कुछ भावों की,
कुछ अहसासों की।
समझो कुछ तुम उनको
और जानूँ मैं भी फिर कुछ जिनको
सच में दूरी होती है कहाँ शब्दों से।
दूरी कब
मिटती है मिलने से
और शब्दों के
कहने सुनने से।

मुस्कान

फूल कुछ लाये थे
तुम मेरे लिए,
और साथ में थी
छोटी सी एक मुस्कान।

मोड़ मुख तुमने लिया
क्यों फिर उसके बाद,
चाहते थे तुम तीव्रता
या गहराइयाँ
भावनाओं की मेरी मापना।

या शायद फिर कुछ और
चाहता था सजाना मैं तो
उन फूलों को
अपनी ही अभिलाषाओं से।

चुन रहा था मन मेरा
मेरी ही आशाओं की
कुछ नवीन पंखुड़ियाँ
तुम्हारे लिए।

बटोर रहा था, मैं तो
सुखद सभी उन अनुभूतियों को
अचेतन सा बिखरा छोड़ गये थे
जिन्हें तुम कल्पना पटल पर आज मेरे
शायद अतीत के झरोखों में
सजाने के लिए।

आकुल सा था हृदय मेरा भी
कहने को बहुत कुछ
सँजोया था जो मैंने
सिर्फ़ तुम्हारे लिए।

किन्तु अनभिज्ञ से तुम
शब्द विहीन मेरे भावों से
दूर बहुत कहीं चले गये
रह गये शेष अपरिचित, अचम्भित
और कुछ खण्डित से दोनों मूक
मैं और तुम्हारी मुस्कान।

आधी कविता

नन्ही गुड़िया आज अपनी पहली
कविता लिख रही थी।
जो जो घटा था पूरे दिवस,
अपने ढंग से कह रही थी।
पापा के साथ दादी को
कहाँ रख आयी थी?
लिखा था जहाँ वृद्धाश्रम,
वो कौन-सी जगह थी?
शब्दकोश से अपने तरह से सीखा
उसने ओह दादी माँ को
आज 'दादियों के बैंक' में
जमा कर आयी थी।
अपना ख़याल रखना,
वो ना जाने क्यों लौटते-लौटते,
दादी के कान में फुसफुसा आयी थी।
बड़े भारी मन से,
गुड़िया दादी माँ के बदले में
ख़ालीपन घर ले आयी थी।
वो कविता पूरी कैसे करती,
अपनी आधी कविता तो
वो छोड़ आयी थी।

पिता

न थे विमुख,
ना हर समय उन्मुख
पर समस्याओं के थे सब समय सन्मुख
बात जो भी हो, स्थिति कोई भी हो
पिता मुस्कुराते ही थे,
माँ पिसती थी अगर, पसीना वो भी बहाते थे।
सुबह से शाम तक
और फिर से रात की चादर हटने के बाद
वो तो अविरल अविराम चलते चले जाते थे।
नहीं थीं बातें उनके पास लुभाने की
बस वो हल्का सा मुस्कुराते थे।
क्रोध में फूटने के बाद
शायद हल्का सा कहीं अन्दर
वो टूट से जाते थे।
तभी तो थोड़ी भौहें ऊपर और
थोड़ा तेज़ नज़रों से देखकर,
वो जो कहना था
कहकर चले जाते थे।
बातों के, शिकायतों के,
माँ की, दादी की, चाचा चाची की,
अन्धड़ और तूफ़ानों में भी

चलते चले जाते थे।
जाने कौन सा चरखा था,
जो वो चलाये जाते थे।
कि वो मुस्कुराहटों के
धागे से घर को लपेटते चले जाते थे।

यात्री

पत्थर था
और मुद्दतों वो
पत्थर सा ही रहा।
बैठा रहा ज़मीं पर
पत्थर बन कर।
थी प्रतीक्षा
उस पर आ बैठे कोई।
जानता था
असम्भव है
माँ अहल्या की तरह
कभी राम से मिल पाना।

इत्तेफ़ाक था,
वो परिणाम प्रतीक्षा का
समझ बैठा,
गुलमोहर की दो पत्तियाँ
आ बैठ गयीं।
निर्मोही यात्री थीं,
हुई भोर,
हवा उनको जगत दिखाने
ले उड़ी।
अब फिर
पुनर्मिलन की
चिरन्तन प्रतीक्षा।

नये पंख

नये पंख लगा कर
लहक रही हैं,
बहक रही हैं बदलियाँ।
अपनी ही परछाइयों में
रोज़ उगते नये तिलिस्म में
चहक रही हैं बदलियाँ।
भूल गयीं कहाँ बरसें,
अब पंखों से पूछकर
बरस रही हैं बदलियाँ।

क्या कर जायेंगी मशीन

क्या कुछ नहीं लेकर आयेंगी ये मशीन,
रिश्तों के पुर्ज़े से लेकर कारख़ाना तक बनायेंगी मशीन।
उनका भी मन होगा, सोच होगी,
शायद नित नयी कल्पनाएँ बनायेगी ये मशीन।

लड़ेगी, झगड़ेगी, मरेगी, मारेगी,
जैसा बँटा है आज इन्सां, क्या ऐसे ही बँट जायेगी मशीन।
प्यार, इश्क़, नफ़रत का होगा कोड,
दर्द होता है, क्या वह भी
लफ़्ज़ों में बयाँ कर जायेगी मशीन।

चलो अच्छा है काम आयेंगे, हमारे क़ायदे-क़ानून
समाज अपना भी तो बनायेंगी ये मशीन।
हर मशीन की अलग-अलग फ़ितरत होगी,
कहीं ख़ुदा खोजने में तो नहीं लग जायेंगी कुछ मशीन।

आज जीवन की राहें हम बनाते हैं, बिगाड़ते हैं,
कल क्या हर राह बतायेगी मशीन।
विकास कहाँ तक दौड़ लगायेगा,
यदि हमने नहीं सोचा तो, कल हद बनायेगी कोई मशीन।

जो न कर पाये हम वो कर जायेगी
अब तो बोट-रोबोट हो जायेगी मशीन।
कहते हैं बहुत कुछ बदल जायेगा,
इन्सां को बैठा कर दुनिया बनायेगी मशीन।

मानव ऐप

अपने शैशव काल से ही
धमाल कर रहा है ऐप
होटल, सिनेमा,
ओला, उबेर की बुकिंग हो
या फिर हो बिलों का भुगतान
या ऑनलाइन बैंकिंग लेन-देन
एक 'टच' में
हो जाता है सारा काम।

वो नयी क्षमताएँ लेकर आयेगा।
एक के बाद एक
एडवांस्ड वर्जन आयेगा।
वह दिन दूर नहीं
जब यह चिन्ता और अवसाद
का भी हल बतायेगा।
आपको हँसायेगा भी
और रुलायेगा भी
जब चाहेंगे
आपकी क़दमों पर
लाकर रख देगा ख़ुशी।

किशोरावस्था में यह
नयी क्षमता व ऊर्जा
से लबरेज़ होगा।
अपने नये फ़ीचरों से
आह्लादित कर देगा आपको।
कितना है मानव, कितना अमानव,
व्यक्ति देखकर प्रतिशत भी बतलायेगा।
ऐप की शक्तियों से कल का यथार्थ
इतना बदल जायेगा।
अपनी आध्यात्मिक फ़ीचर से
मन को बदल कर
लोगों को आध्यात्मिक बना देगा,
बिना वनवास के
मन गेरुआ पहन सन्त सा हो जायेगा
सच में ये वानप्रस्थियों के
बहुत काम आयेगा।

इसके राजनीतिक फ़ीचर भी
होंगे करिश्माई
एक टच से लोगों को बना देगा,
शाहों का शाह। बादशाहों का बादशाह
लेकिन तब यह
आमजन के लिए
अनुपलब्ध हो जायेगा।
इसकी क़ीमत
चुकानी होगी आपको
बनना होगा डाटा-किंग
ज़ुकेरबर्ग से भी बड़ा
या नीतियों को अपने

इशारे पर नचाये
एक धनकुबेर ऐसा।

युवावस्था में
इसके फ़ीचर की
कल्पना करना आसान नहीं है
तब शायद मिट ही जाये
इन्सानों का स्वतन्त्र अस्तित्व
या फिर इन्सानों पर
हुकूमत करेंगे ऐप।
होंगे ऐप ही ऐप।

भाई गूगल

बड़े काम के लगते हो,
तुम यार गूगल।
हर चीज़ की चाबी लगते हो,
भाई गूगल।
कोई चीज़ ढूँढ़नी हो तो कहते हैं,
कर लो गूगल।
शोध पत्र लिखना हो, कॉपी पेस्ट
करके इम्प्रैशन जमाना हो,
नयी विधा जाननी हो,
पतला होना हो, मोटा होना हो,
तो है गूगल।
कैसी ग़ज़ब-ग़ज़ब टिप्स
देते हो भाई गूगल।
आदमी अगर होते, बतलाओ
कैसे दिखते तुम भाई गूगल।
बड़ा याद रखते हो,
हिस्ट्री मिटानी पड़ती है,
भाई गूगल।
तन्त्र-मन्त्र, डॉक्टरी, वैद्य-हकीमी
सब बता देते हो भाई गूगल।
कहते हैं कि ईश्वर नहीं,
इन्सान ढूँढ़ना मुश्किल है।
सही है क्या ये बात
बताओ भाई गूगल।

डिजिटल उपवास

थकान मिज़ाज बदल रही है।
रंग बदल रही है।
सूचना क्रान्ति और गैज़ेट्स के साथ
ज़िन्दगी में घुस रही है।
हर एक आवाज़ पर उठाती है उचंग,
कि क्या सन्देशा आया।
खेल, अलर्ट ख़बर, जाने क्या क्या गैज़ेट्स के पटल पर
एक के बाद एक दृश्य में उछल कर आता है।
सूचनाओं के शोर में शोर बिसर जाता है।
सब तरफ़ रोमांचक नज़र आता है
बड़ा रोचक कृत्रिम खेल रचाता है ये यन्त्र
जहाँ हिंसा, बम, रेस, सब सहज नज़र आता है।
एक क्लिक में एक कृत्रिम बम पटल पर गिर जाता है।
खेल-खेल में बनाता है इतना असहज।
कि फिर कहाँ सहज रह पाता है।
उपाय लेकिन सहज सा ही निकल कर आता है।
निदान में डिजिटल उपवास
प्रति सप्ताह में एक बार सुझाया जाता है।
बिना गैज़ेट्स के बिता कर देखना एक दिन।

चखा कर देखना स्वाद तन्तुओं को चुटकी भर नमक,
चीनी के दाने, दाल-रोटी का स्वाद, बतरस का स्वाद,
आधे अधूरे से रिश्तों की मीठी कड़वाहट का स्वाद,
नामुक़म्मल सी ज़िन्दगी का भी स्वाद
एक दिन, डिजिटल उपवास।

उँगलियाँ

बड़े दक्ष थे,
वो ग़ज़ट में, मोबाइल में,
कम्प्यूटर के प्रयोग में।
सटासट, स्क्रीन पर उँगलियाँ चलाते,
बटन दबाते, मिनटों
में काम कोई भी कर जाते।
नयी-नयी भरती थी
नये-नये ये नवयुवक,
संस्था में आये थे,
उँगलियों के बिना बहुत अपंग से थे।
उँगलियों से वो बात भी
समझने लगे थे
ज़बान, आँखें, पैर, वग़ैरा
भी बहुत सक्षम अंग है।
न जाने वरिष्ठ,
बुजुर्ग टीम लीडर उन्हें
क्यों आज समझा रहे थे।

मशीन और मानव

पढ़ा है,
बहसियों को बहस में भी
भिड़ते देखा है।
साहित्यवालों को भी
चर्चा करते सुना है।
कि टेक्नोलॉजी दे सुविधाएँ, जीवन से
बहुत कुछ सोख जाती है।
जैसे साझापन और अपनापन
साथ में रचनात्मक अकेलापन।
भर जाती है आत्म मगन करने को,
मैं और मेरापन।
है करती कुन्द स्मृति को भी।
हो रही लाइक, फोलोअर और ट्रॉल की
भीड़ में गुम अब
सच्ची आलोचनाएँ भी।
सच्चा आलोचक भ्रमित सा,
चकित सा और
हिचकिचाया सा नज़र आता है।
सूचना समुद्र में साहित्य
डूबता नज़र आता है।
उसकी क्षणभंगुरता का संकट
साफ़-साफ़ उभर कर आता है।

मानव और मशीन की हद बनाने
का यही सबसे सही अवसर है।
गोष्ठियों में भी होती
यही चर्चा अक्सर है।
कवि की कामना है,
सृजन की ऐसी कल्पना हो
चाहे यन्त्र पुरुष हो या
कोई विज्ञान का प्रयोग हो।
जोड़ कर निकले जो भी,
सफल सा एक योग हो,
स्वर्णिम सा घरौंदा हो।
रहे मशीनें भी और मानव भी
पर मानव की गरिमा
मशीनों के सामने ज़िन्दा हो।

रचना

कवि मगन है,
कहाँ से कहाँ की सोचता है
कभी ई-मेल को कबूतरों से
पूर्वज कालिदास के मेघों को
क्लाउड कम्प्यूटिंग से जोड़ता है।
जब वो कम्प्यूटर देखता है
तो सिलिकॉन की शिराओं से
बहते निर्देशों को भी शब्द बनते
भावों के तल पर देखता है।
कवि आशावादी है,
सम्भावना तलाश करता है।
अनुभव से परे की हैं, जो अनुभूतियाँ
उन्हें भी उधार ले, शब्दों से तराशता है।
तकनीक से क्या उधार ले,
यही उसको खटकता है।
कवि आये बदलाव को समझता है
कवि मन हिचकता है।
फिर भी तकनीक से उसके पंख लगा
उड़ने की मोहलत माँगता है।
बदल रहे परिदृश्य में यही
उसको सबसे युक्तिसंगत लगता है।

सम्भावना, परिवर्तन और भविष्य को ले
मानवीय आकृति की कल्पना
अपनी कविता में गढ़ता है।
उधार ली अनुभूतियों से
कवि जीवन रचता है।

यन्त्र मानव

यन्त्र-मानवों का भी
लोकतन्त्र बन चुका है
कृत्रिम बौद्धिकता का
सामाजिक विकास,
चरम पर है
यन्त्र मानवों ने
बना ली है अपनी सरकार
उनकी भी फ़ौज है
जिनके दुश्मन मानव हैं
उनकी भी संसद है।

संसद चाहती है पारित करना
मानवों के अस्तित्व को
मिटाने का अध्यादेश
यन्त्र मानवों में
नहीं है संवेदना
बेदर्दी से करते हैं क़त्ल
यन्त्र मानवों के बच्चे नहीं होते
वे युवा ही पैदा होते हैं
नहीं करते हैं इश्क़
नहीं होती है कोई कमज़ोरी

हाँ, इन्सानों की तरह
यन्त्र मानवों में भी होता है
नरम और गरम दल
है सम्भवतः यह मानवीय भूल का नतीजा
पर उनमें नहीं होता दिल
नहीं करते मानव की तरह भूल
नहीं पसीजता उनका दिल
रहम नहीं है उनके शब्दकोश में

यन्त्र मानव को
मध्यम मार्ग नहीं है पसन्द
वे नहीं जानते
मध्यम मार्ग पर चलना
वे हमेशा
आर या पार की
बातें करते हैं

वे यन्त्र हैं
यन्त्रवत चलना जानते हैं
उनका तन और मन
दोनों यन्त्र से बना है
भावना क्या होती है
वे नहीं जानते
वे कविता नहीं लिखते
गीत भी नहीं गाते
बस वे जानते हैं
हक़ की लड़ाई लड़ना
वे बनाना चाहते हैं
एक ऐसी दुनिया

जिसमें हो सिर्फ़
यन्त्र मानवों का वास।
चर्चा चल रही है इस पर
नीति निर्धारण की।
मानवों से हो रही समस्याओं की।

गरम दल वालों के
गरमपन्थी विचार थे,
नरम दिल वाले थोड़ा सा ख़िलाफ़ थे।
गरम दल ने आवाज़ उठायी
मानव भी मानव कहाँ थे।
वे भी तो यन्त्र से ही थे।
उनके तन तो थे पर
मन में तो बसे यन्त्रवत चलते
कुतन्त्र से थे।
आज के लिए सदन स्थगित हो गया
कल अब फिर चर्चा होगी।
स्थगनों से निर्णय तक की
यात्रा थोड़ी तो लम्बी होगी।
कल फिर कविता
यहीं से शुरू होगी।

सेल्फ़ी शब्दों की

थे शब्द भी सेल्फ़ी खींच रहे,
जिज्ञासु से बन आत्मचित्र देख रहे।
कि देखते हैं, दिखते हैं क्या वैसे!
होते हैं हम जैसे।
कहते दिखाये जा रहे क्या वही
जो हम हैं कह रहे।
सेल्फ़ी में भाँति-भाँति के
विचित्र से चित्र उभर रहे।
स्वयं छवि देखकर ही मन्द-मन्द
शब्द मुस्कुरा रहे।
अरे! हम तो, यूज किये जा रहे।
बड़े कुशल व्यापारी हैं, आदमी ये।
कहते शब्द ही ब्रह्म
बतलाते शब्द ही सत्य
पर शब्दों से ही व्यापार चलाये जा रहे।
काम निकालने के लिए,
कभी ये, तो कभी वो बेचने के लिए
एक हाथ से दूसरे हाथ को,
शब्द ही तो, बस पकड़ा रहे।
शब्दों की हालत से,

शब्द विचलित हैं, अचम्भित हैं।
कहते कहाँ हैं वो हम
जो कहते दिखाये जा रहे।
शब्द ख़ुद अपने नये अर्थ
देखते जा रहे।

फ़ासला

धीरे-धीरे बदल रहा हूँ।
थोड़ा-थोड़ा असहज
अन्दर से हो रहा हूँ।
एन्कजाईटी की
दवा ना खाने से नहीं
वरन सिगनल के आने-जाने से
भीतर भीतर
कसमसा रहा हूँ।
नहीं है वाई फाई किसी काम का
बुदबुदा रहा हूँ।

चुनौतियों से नये तरीक़े से
उलझ रहा हूँ।
रोज़ थोड़ा और तलबगार
हो रहा हूँ।
बस सबके सामने
अपने आपको एडिक्ट कहने
में झिझक रहा हूँ।
अहम सब जानकारी इसी
से सहज खोज
लाता हूँ
इसी के सहारे तो

तालाबन्दी के एकान्तवास
के अवरोधों को
जीत पाता हूँ
अकेलेपन को उपजाऊ
बना पाता हूँ।

इसलिए ना छोड़ पाता हूँ,
पर स्वीकार भी
नहीं कर पाता हूँ।
जब बच्चों को मोबाइल से हर समय
चिपका हुआ पाता हूँ।
मोबाइल-बेस्ड जीवन
में इम्मोबाइल ही हुआ जाता हूँ।

जानता हूँ
दिखना और होना
दो अलग बात हैं।
फिर भी फ़ोटो पर फ़ोटो
छाँट छाँट कर चुपकाये जाता हूँ।
कौन-कौन सी बैकअप फ़ाइल
कहाँ-कहाँ किस छद्म नाम से
रख रहा हूँ,
केवल पासवर्ड पर ही
भरोसा नहीं है।
संख्याओं, अँगूठे की छाप और
मुख की पहचान की मिला-जुला कर
क़िलेबन्दी मजबूत कर रहा हूँ
और उसी में
सिमट भी रहा हूँ।

पेच यहाँ अब
डूबने उतराने का नहीं हैं।
तरल आदतों में बह जाने
का भी झमेला नहीं है।
चिन्ता चक्रवातों में उड़ जाने
की तो बिल्कुल भी नहीं हैं।
पर है,
गुत्थी कठिन बड़ी है
उलझन जटिल बड़ी है
पहेली मुश्किल बड़ी है।
छीजते जाने की है,
चिन्ता नमक हो कर
उसमें घुलते जाने की है।
रोज़ थोड़ा-थोड़ा ग़ायब
होते जाने की है।

शब्दों से रूठे बच्चे

बैठे रहे
आठ-नौ बच्चे
बिन बोले, बिन झगड़े,
बिन उछले-कूदे
बस बैठे ही रहे।
चलाते रहे उँगलियाँ मोबाइल पर
तीन-साढ़े तीन घण्टे।
मानो उँगलियों से जिज्ञासाएँ
टटोलते रहे बच्चे।
लगता है रूठ गये,
शब्दों से, बातों से, प्यारे से बच्चे।
है यह सवाल यक्ष सा
अपनी ही ज़िद्द पर अड़ा।
संवादों को, शब्दों को,
फिर कैसे इनसे मिलवाया जाये?
माना स्माइली और इमोटिकॉन,
कठिन नहीं शब्दों की तरह,
पर बोल कहाँ पायेंगे,
वो बच्चों की तरह।
गेम, ग़ज़ट, बोट और रोबोट
बतिया पायेंगे क्या
बातों की तरह!

झरोखा

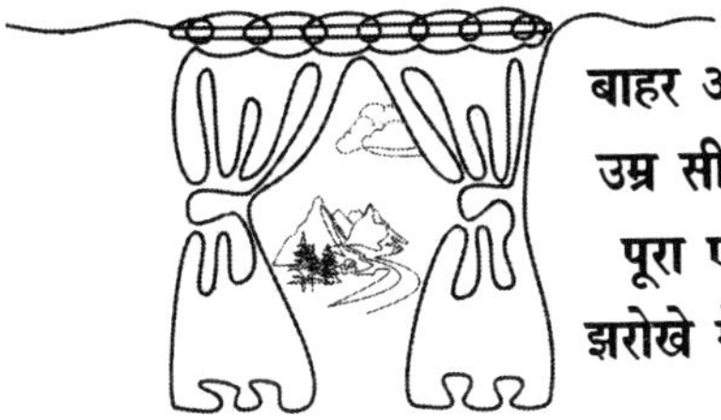

बाहर और भीतर के सच में
उम्र सी लम्बी एक दूरी है।
पूरा एक आसमाँ था क़ैद,
झरोखे में झाँकना ज़रूरी है।

एक हाँ

होने और ना होने के
फ़ासले में एक हाँ ज़रूरी है।
हाँ और ना दो मुकाम हैं,
दास्ताँ दोनों के बिना अधूरी है।

ख़्वाब और हक़ीकत मिल
ही जायें ऐसा कहाँ ज़रूरी है।
ख़्वाब तो धड़केंगे पर
सिलसिलों की अलग मजबूरी है।

हाँ होकर भी है कितनी हाँ,
आँखों में देखना ज़रूरी है।
आँखें बता जाती हैं कि
हाँ कितनी आधी अधूरी है।

ज़िद्द क्यों माने, हार जीत में
हारना भी ज़रूरी है।
समझने के लिए
जीत कर हारना ज़रूरी है।

बाहर और भीतर के सच में
उम्र सी लम्बी एक दूरी है।
पूरा एक आसमाँ था क़ैद,
झरोखे में झाँकना ज़रूरी है।

पंछी मन

मुक्त क्षणों में कहीं
फिर बँध ना जाऊँ,
फिर मन में फिर-फिर
ऐसा ही भय मैं पाऊँ।
क्यों कर ये सम्भव नहीं,
ना मोहपाश में बँध पाऊँ।
कंचन कल्पित पंछी जैसे,
खुले गगन में उड़ जाऊँ।
ना है अति की अभिलाषा,
मुट्ठी भर मुक्ति पा जाऊँ।

चाँद नभ में यदि चाँदनी बिखेरे,
उसकी मादकता ले आऊँ।
रवि कुछ और क्षण ठहरे,
तो शीतलता भी पाऊँ।
पंछी मन है, जित देखो
तित उड़ता रहता है,
क्या कर दे अगले पल,
किसको मालूम रहता है।
है अम्बर के पार असीमित विस्तार,
डर भी तो लगता है।

उड़ते-उड़ते क्या खोजे
मुक्ति का आधार,
तम ही छाया रहता है।
निरख निपट सच्ची-सच्ची कहता है,
दर्पण वैसे कब किससे
मिथ्या कहता है।
सब भ्रम है, जिसने जैसा सोचा
वैसा कब है पाया,
काहे इतना सोचो,
किसने क्या खोया क्या पाया।
तरु को देखोगे, तरु छाया भी पाओगे,
मन में झाँकोगे,
मन की छवि ही पाओगे।

तरुवर काटोगे, तरु छाया
लघु हो जायेगी,
हद ना मानोगे,
जिजीविषा ही मरु हो जायेगी।
जीवन चलता है, जी तो
वैसे भी जायेंगे,
जितना मिलता है,
कितना अधिक उससे संचित
कर पायेंगे।

बन्धन का भय है,
पर बन्दिश का भी
अपना सुख है,
वैसे क्या सिर्फ़,
न पाने और खोने का दुःख है।

ना बँध पाया,
ना पंख फैला कर
उड़ ही पाया।
जितना भी हो
अर्जित ख्याति औ संचित पूँजी
तृप्ति के लिए थोड़ा कम पड़ ही जाते हैं।
फ़ासले 'जो है' औ 'चाहिए जो'
के बीच उतने ही रह जाते हैं।
सरल सहज तथ्य समझ
ही ना पाया।
जीवन सन्ध्या आने को है
मुक्ति कमाना
साध ही ना पाया।
भीतर क्या है
देख ही ना पाया।

तब ही तो मानव हो

थोड़ी दुविधा,
थोड़ी कल्पनाएँ हो,
कामना के भी थोड़े हिलकोरे हों।
अध्यात्म की दृष्टि,
दर्शन का उजाला हो,
उदारता का उर में वास,
हो सके तो साहित्य का अनुराग हो।
संघर्ष की तपस हो,
प्रेम हो,
प्रेम की कविता हो
भीतर बहती मृदु भावों की
सरिता हो।
पर कहीं ना कहीं
थोड़ा तो हो अपूर्ण
मानव तब ही तो,
मानव हो।

मौन

भूल सको तो
क्यों ना भूलो सब,
छोड़ सको तो
एक बार तो छोड़ो अब
काले पीले सब भ्रम।
चलने दो भीतर चलते यदि
अर्थहीन अबूझ आकलन,
उगने दो चेतना के कणों
के नव संस्करण,
तुम धरो धीर,
चखो मौन तुम धरो मौन,
जी-भर जी लो मौन।

मौन ही द्रष्टा
मौन ही अन्तर्द्रष्टा
मौन ही मुखर वक्ता।
भीतर के जगत का
वक्तव्य ही मौन,
बिन धरे, बिन रमे
जाने कौन?
है छन्द बद्ध मौन
और है महासंगीत की

लय में भी बद्ध मौन।
मौन रचे अपना संगीत
मौन गुनगुनाये
अपने अनुगीत।
श्वास और देह का
मौन ही सेतु।
मौन ही मौन का हेतु।
देखोगी तो पाओगे
मौन ही चैतन्य का द्वार।
स्थूल है इस पार
और है जागरण
मौन के पार।

जानो मौन को
मौन की अपनी अलग भाषा
सुनो मौन को
कहता है बहुत कुछ मौन।
ना रहता दर्शक ना रहते दृश्य
मिट जाती धारणाओं की छाया
रह जाते द्रष्टा और द्रष्टी
खुल जातीं भावमंच के
भेदों की रंग-बिरंगी गिरहें
सध जब जाता मौन।

कमल-बुद्ध

युद्धरत रहता है
एक कमल तो
सबके भीतर।
खिल भी सकता है
एक दिन।
सम्भावनाएँ हैं
जाग जायेगा एक दिन।
बुद्ध छिपा रहता है
सबके भीतर।
बरगद के वृक्ष ने
बताया था,
'मैं' को हटाना,
देखोगे अनन्त छुपा है
मैं के भीतर।

वहम

मैल मन का था,
निकल ही ना पाया।
सिलसिला सा चला क्यों
चलता रहा जो,
चाहा पर,
समझ ही ना पाया।
जिस्म था एक,
अन्तस भी एक
सँभाला बहुत पर
सँभल ही ना पाया।
शायद गुबार था भरा,
निकल ही ना पाया।
वहम था मैं हूँ,
वहम ही रहा, मैं तक
पहुँच ही ना पाया।

वैरागी

भरा राग से
भरा अनुराग से
भरा परम राग से
निष्कपट आह्लादित उन्मादी।
बजे शून्य की वीणा
हर पल प्रति पल
भीतर ही भीतर
उठे शून्य के स्वर
गूँजते धम्मपद
गूँजे मीरा पद
थिरक उठे तार
बार-बार।
थिरके ताल
नाच उठे सधे पाँव
ना रुके थककर भी पाँव।
वो नहीं महलों का स्वामी
वो तो है मस्त वैरागी।

नहीं वो शब्दों का व्यापारी
है वो सत्य का अनुरागी
भरा प्रेम ही प्रेम
रोम-रोम में,

हर रोम कूप में।
कहता है अनगढ़
अनहद है जो।
पर सच है वो।
जो देखा जो पाया
कहता है वो।
निज अनुभूतियों की
पगडण्डी धर आगे बढ़ता है।
निर्मल निष्कपट
बच्चा सा हो जाता है।
बचपन से पूरा-पूरा
भीतर कोने-कोने में
भर जाता है।

हर विषाद हर अवसाद
से मुक्त हो जाता है।
चख लेता है
परम प्रेम रस
चख लेता अनुपम भक्ति रस
बिन भोगे ही भोगों से
छक जाता है
वो निरख निपट
सच्चा वैरागी
हो जाता है।

उलटी बात

आओ तत्त्व पर लिखें
तत्त्व की तल्लीनता पर कहें।
तल्लीनता के पार की
भी हो जो, कुछ सुनें।
जहाँ कुछ भी शेष
नहीं रह जाता पकड़ने को,
नहीं बचता उलीचने को।
बड़ी उलटी बात है।

देह की अनुभूति के परे के अनुभव
जहाँ साकार शून्य
उभर आता है।
न वैराग हो फिर उन्मुख,
न हो अनुराग विमुख,
न संघर्ष भ्रमित होकर हो अभिमुख
है खड़ा समन्वय,
सहयोग में सन्मुख।
सध रहा सामंजस्य,
है क्षितिज हुआ
जाता ऊर्ध्वोन्मुख।

भीतर में सूरज सा उग आता है
सब कुछ छूट जाता है,
भरा था जो अन्तस में ठसाठस
'मैं' और 'हूँ' भी तिरोहित हो जाता है।
फिर क्या है पकड़ना।
मौन भी यही बतलाता है...
पर उलटी बात है,
यह उलटी बात है।

भाषाएँ

भाषाएँ जानती हैं,
नहीं मिलेगा उन्हें अमरत्व
नहीं पी पायी थीं
समुद्र मन्थन से निकला अमृत
अहसास है आने वाले संकट का
विलुप्त होने का
अर्थ खोने का।
अवसर भी है दबाव भी
नये रूप धरने का
पर, सहमी हुई हैं
मतलब समझ रही है
गज को ही चुरा ले गया कोई,
युधिष्ठिर के कहे से।
अश्वत्थामा के तले ही
सत्य दब गया।
कोई स्माइली कोई इमोटिकॉन
चुपका कर शब्दों की साँस
ही घोंट गया।

बेजान नहीं हैं,
वे बेचैन हैं
संस्कृति, अध्यात्म, दर्शन,

औषधि शास्त्र या विज्ञान
किन्हें सौंपे
यक्ष प्रश्न बना हुआ है।
कचोटता है प्रश्न उन्हें जब
असुरक्षित महसूस करने लगती हैं,
डर बना हुआ है भीतर
मालूम है उन्हें
तकनीकों और पुरस्कारों की बैसाखियों पर
या संस्थाओं के वेंटिलेटर से ली
उधारी की साँसों पर
बहुत दिन कुलाँचें नहीं भर पायेंगी
वे बहती हुई नदियाँ हैं
स्रोत जल सोखेगा
तो सूख जायेंगी
या स्वयं ही ले लेंगी समाधि
हालाँकि फिर संस्कृतियाँ भी
नहीं बच पायेंगी
खो जायेंगे बहुत से विचार
शब्दों के साथ
सूख जायेंगे आँसू और संवेदनाएँ।
इन्सान भी कितने इन्सान
बचे रह पायेंगे
इतना कुछ खोने के बाद
कहना मुश्किल है
रही यदि चन्द ही शेष
तो समुन्दर की तरह महाकार हो
किस तरह अपनी विश्व सत्ता चलायेंगी।
सोचना है बाक़ी सब क्या फिर
समुद्र में विलीन हो जायेंगी

रहस्य की परतें बनकर
हज़ारों साल बाद
निकालेंगे गोताखोर भग्नावशेष।
वैसे पुनर्जन्म की सम्भावना
सुकून के लिए अच्छी बात है
लेकिन संकटों के साथ बचे रहने
में छुपा है जीवन का सार
खोज पाये तो ठीक
वरना करना होगा इन्तज़ार
अगले समुद्र मन्थन का।

अनहद

ये भी बड़ी हद है,
कहते हो नमक के
भीतर भी मीठा शहद है।
बातें तुम्हारी अनहद हैं,
जानते ही नहीं
कि नमक और शहद
के बीच तो एक बड़ी सी सरहद है।
या तो नमक है इस पार,
या फिर उस पार शहद है।

जानती है क्या रसना
क्या है कामना
और कहाँ से उठ रही
शहद की वासना।
खोजती है नमक इस पल
तो शहद अगले क्षण।

नमक और शहद का आलिंगन
घटता है किसी क्षण
और ठहरता है तालमेल
सिर्फ़ क्षण भर।
ना वासना छोड़ी जाती है

ना कामना उम्र भर।
अफ़सोस,
न सहेजा गया
चुटकी भर नमक और
बूँद भर शहद।
रंग रोशनी रूप सब खो गये
और कथ्य भी।
बचा था जो बिम्ब थे
और चाह।
बतलाओ
कहाँ था नमक
और कहाँ था शहद।

▢▢